Vente du Jeudi 2 Juin 1910

HOTEL DROUOT — SALLE N° 8

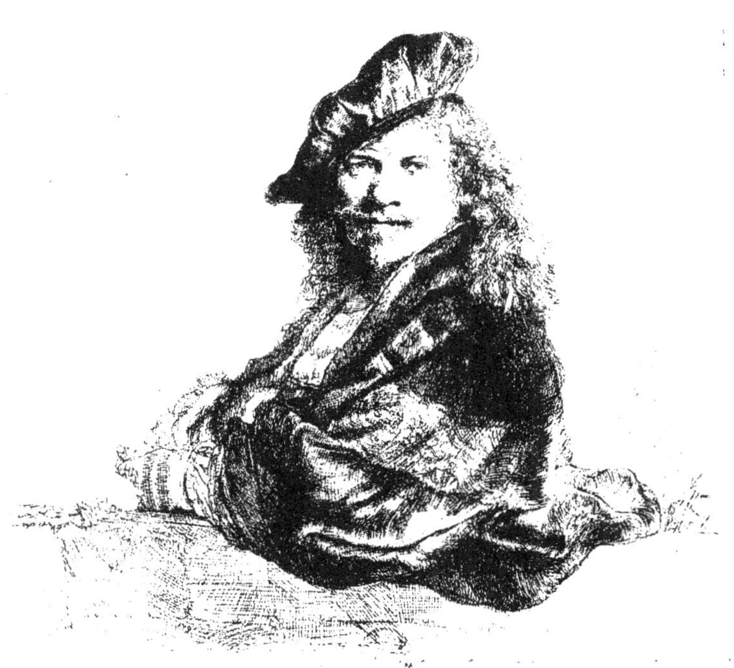

N° 128 du Catalogue

ESTAMPES

DES

XVIe, XVIIe ET XIXe SIÈCLES

Me ANDRÉ DESVOUGES   M. LOYS DELTEIL

CATALOGUE

DES

ESTAMPES

DES

XVIe, XVIIe & XIXe SIÈCLES

ŒUVRES

DE

ALDEGRAVER, BRACQUEMOND, DURER, LEGROS
LUCAS DE LEYDE, MANTEGNA, OSTADE
REMBRANDT, SCHOENGAUER

etc.

Dont la vente aura lieu

à Paris, HOTEL DROUOT, Salle N° 8

Le Jeudi 2 Juin 1910

à 2 heures précises

Par le Ministère de M° ANDRÉ DESVOUGES

COMMISSAIRE-PRISEUR

26, Rue de la Grange - Batelière

Assisté de M. LOYS DELTEIL, Artiste-Graveur, Expert

2, Rue des Beaux-Arts

CONDITIONS DE LA VENTE

Elle sera faite au comptant.

Les adjudicataires paieront *dix pour cent* en sus des enchères.

M. LOYS DELTEIL remplira les commissions que voudront bien lui confier les amateurs ne pouvant y assister.

MM. les amateurs pourront visiter la collection, 2, *rue des Beaux-Arts*, du Lundi 23 au Samedi 28 Mai 1910, de 2 heures à 5 heures.

DÉSIGNATION

ALDEGRAVER (Henri)

1. Aldegraver (H.), 1530 (B. 188). Belle épreuve (doublée et restaurée).
2. Aldegraver (H.), 1537 (189). Très belle épreuve.
3. Mélanchton (Ph.) (185). Belle épreuve.

ALTDORFER (Alb).

4. Judith (B. 1). Très belle épreuve.
5. La Vierge et l'Enfant Jésus (17). Belle épreuve.
6. Le Porte-Etendard (52). Très belle épreuve.

BEHAM (H. S.)

7. La bonne Fortune (140). Très belle épreuve.
8. La Fortune contraire (141). Très belle épreuve.
9. La jeune Femme et la Mort (149). Belle épreuve (le monogramme de Beham gratté et remplacé par l'initiale de Lucas de Leyde).
10. Les Noces de village, 2 planches (155 et 158). Belles épreuves.
11. Le Paysan à la fourche (188). Très belle épreuve.

BOL (Ferdinand)

12. Le Sacrifice de Gédéon (B. 2). Très belle épreuve.

13. Portrait d'un Officier (12). Belle épreuve.

BRACQUEMOND (Félix)

14. Le Haut d'un battant de porte (110). Belle et très-rare épreuve, *avant la tablette*. Collection Burty.

15. Les Taupes (134). Superbe et très-rare épreuve *avant le quatrain*. Collection Burty.

BROSAMER (Hans)

16. J. de Hennenberg, abbé de Fulde (23). Belle épreuve.

BRY (J. Théodore de)

17. La Fontaine de Jouvence, d'apr. Beham. Belle épreuve.

18. La Fête de village, d'apr. Beham. Très belle épreuve.

DURER (Alb.)

19. St-Barthélemy (47). Belle épreuve.

20. St-Simon (49). Belle épreuve.

21. St-Hubert (57). Belle épreuve (doublée et petite restauration).

22. St-Jérôme dans sa cellule (60). Belle épreuve. (légères restaurations).

23. La Mélancolie (74). Très belle épreuve (petites restaurations).

24. La grande Fortune (77). Très belle épreuve sur papier à la *grande Couronne* (très légères restaurations).

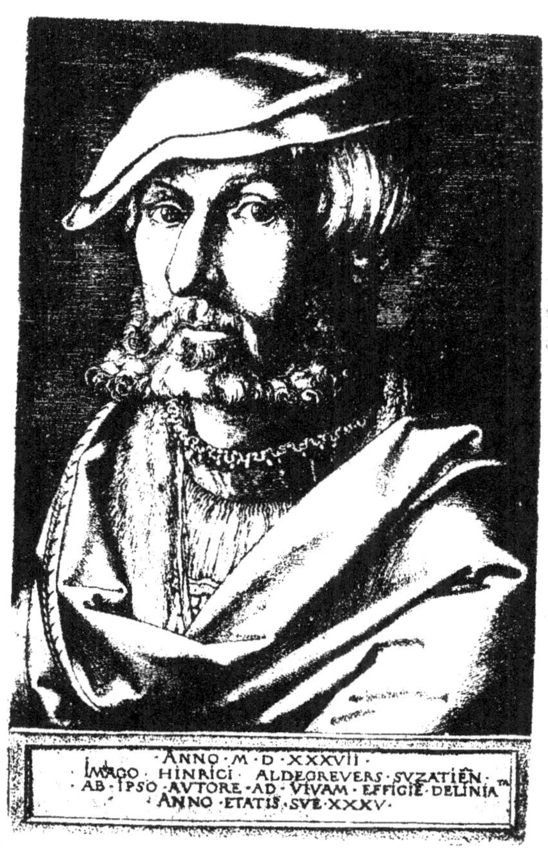

N° 2 du Catalogue.

25. Les Hommes de guerre (88). Très belle épreuve sur papier à la tête de bœuf.

26. L'Adoration des Mages (B. 3 des bois). Très belle épreuve.

27. Jésus couronné d'épines, titre de la Grande Passion (4). Belle épreuve.

28. La Prise de Jésus Christ (7). Très belle épreuve (petite cassure).

29. La Sépulture (12). Très belle épreuve.

30. Le Corps de Jésus-Christ pleuré par les S^{tes} Femmes (14). Très belle épreuve.

31. La Descente aux limbes (14). Très belle épreuve du 1er état.

32. La Passion de Jésus-Christ (16-52), 20 planches d'une suite de 37. Belles épreuves.

33. La Cène (53). Très belle épreuve.

34. Martyre de St-Jean (61). Très belle épreuve du 1er état (petites restaurations).

35. La Vierge assise sur le croissant (76). Belle épreuve, *avec* le texte au verso.

36. Le grand prêtre n'admettant pas Joachim à l'Autel de Dieu (77). Très belle épreuve du 1er tirage (petits trous).

37. Un Ange apparaissant à Joachim (78). Très belle épreuve *avec* le texte au verso (petite restauration).

38. La Naissance de la Vierge (80). Très belle épreuve *avec* le texte au verso.

39. Présentation de la Vierge au Temple (81). Belle épreuve.

40. Mariage de la Vierge (82). Belle épreuve (petites cassures).

41. La Visitation (84). Très belle épreuve (petites cassures.

42. La Circoncision (86). Très belle épreuve (petite restauration).

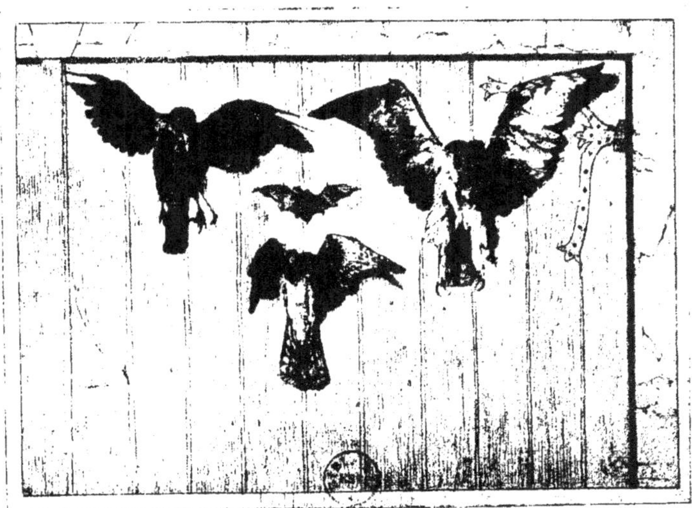

N° 14 du Catalogue.

43. La Présentation au Temple (88). Epreuve *avec* le texte au verso (manque un peu de conservation).

44. Repos en Egypte (90). Très belle épreuve.

45. La Mort de la Vierge (93). Très belle épreuve sur papier *à la tête de bœuf*.

46. Assomption de la Vierge (94). Belle épreuve *avec* le texte au verso.

47. La Vierge entourée de saints (95). Belle épreuve.

48. La S*te* Famille (97). Très belle épreuve.

49. La Vierge entourée d'Anges (101). Très belle épreuve.

50. Huit Saints patrons d'Autriche (116). Belle épreuve.

51. La Messe de St-Grégoire (123). Très belle épreuve (petites restaurations).

52. Varnbüler (Ulrich) (155). Très belle épreuve.

53. Armes d'Hector Pomer (163). Belle épreuve.

54. Armes de Pirckheimer (P. 205). Très belle épreuve.

FANTIN-LATOUR (H.)

55. Un Morceau de Schumann. Superbe épreuve, *avant la lettre*, sur japon.

FYT (Jean)

56. Les Chiens (B. 9-16). Suite complète de 8 pièces. Très belles épreuves.

GAILLARD (C. F.)

57. Le Condottière, d'apr. Antonello de Messine (15). Très belle épreuve *avant la lettre*, signée à la pointe. Sur chine.

58. Le Crépuscule, d'apr. Michel-Ange (32). Très belle épreuve *avant* la signature, sur parchemin.

59. Tête de cire du Musée de Lille (30). Belle épreuve *avant la lettre*, sur chine, *signée*.

LEGROS (Alphonse)

60. Etude de tête d'Homme (M. et Th. 20). Belle épreuve du 2ᵉ état, sur chine.

61. Régamey (F.) (22). Très belle épreuve sur japon.

62. Le grand Espagnol (28). Très belle épreuve du 1ᵉʳ état.

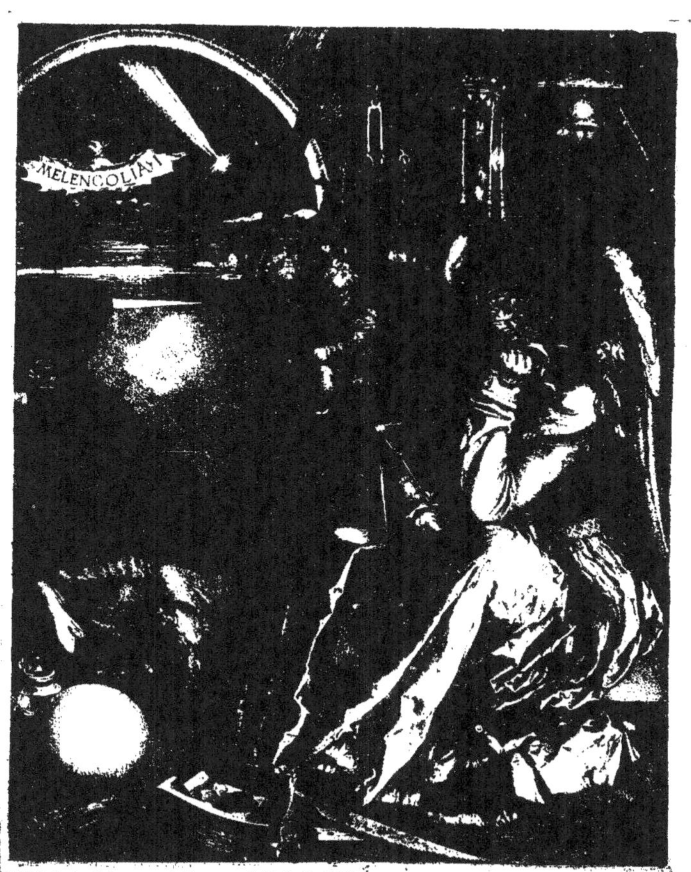

Nᵒ 23 du Catalogue.

63. La petite Marie (30). Très belle épreuve sur japon.

64. Dalou (41). Très belle épreuve.

65. Poynter (42). Très belle épreuve.

66. Les Pestiférés de Rome (60) — L'Incendie (144). Deux pièces. Belles épreuves, la 2ᵉ *ar* *l. l.* sur japon.

67. Le Foyer (116). Très belle épreuve.

68. Le Voleur de poires (139) — Pierre et Paul à la porte du Bonhomme Misère (145). Deux pièces. Très belles épreuves.

69. Les Archers, d'apr. H. Leys (165). Très belle épreuve.

70. Tête d'Homme (208). Superbe épreuve.

71. Bords de l'Yonne (240). Belle épreuve.

72. L'Ecarisseur (301). Très belle épreuve du 2ᵉ état, *signée*.

73. La même estampe. Très belle épreuve du 3ᵉ état, *signée*.

74. Bords de la Venelle (308). Très belle épreuve, *signée*.

75. Dans les bois (341). Très belle épreuve, *signée*.

76. La Masure sur la colline (435). Très belle épreuve du 2ᵉ état, *signée*.

77. La même estampe. Très belle épreuve du 6 état, *signée*.

78. Le Jardinier (554). Très belle épreuve du 2ᵉ état, *signée*.

79. Le Départ pour la pêche (598). Belle épreuve du 1ᵉʳ état, *signée* (piquée).

80. La Plaine près du lac (599). Très belle épreuve, *signée*.

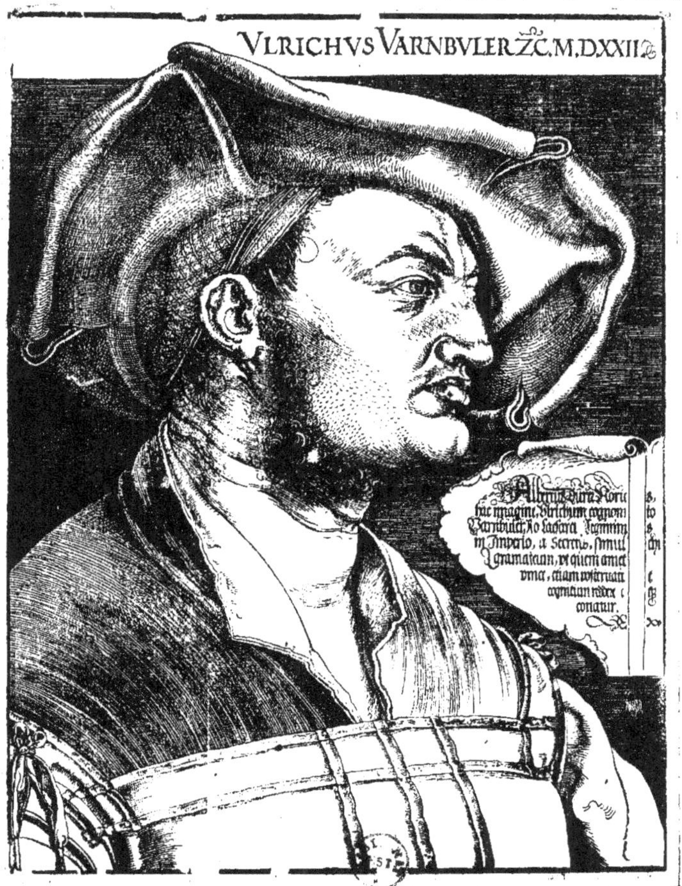

N° 52 du Catalogue.

81. Les Laveuses (602). Très belle épreuve, *signée*.

82. Tête de Hollandais (679). Très belle épreuve, *signée*.

LEYDE (Lucas de)

83. Adam et Eve fugitifs. (B. 11). Belle épreuve.

84. Lameth et Caïn (14). Belle épreuve.

85. Joseph et la femme de Putiphar (20). Très belle épreuve.

86. La Femme de Putiphar accuse Joseph (21). Belle épreuve.

87. St-Joachim embrassant Ste-Anne (34). Belle épreuve.

88. Le Couronnement d'épines (69). Belle épreuve. Collection Marshall.

89. St-Pierre et St-Paul tenant le Suaire (105). Belle épreuve.

90. Les Gueux (143). Belle épreuve.

91. La Promenade (144). Belle épreuve.

92. La même estampe. Belle épreuve (petite cassure).

93. La Laitière (158). Belle épreuve.

94. Un Ecusson vide (166). Belle épreuve.

95. Deux Rinceaux d'ornements (169). Belle épreuve.

96. Deux ornements en rond (171). Belle épreuve.

97. Portrait d'un jeune Homme (174). Belle épreuve.

MAITRE N. W.

98. Knipperdolling. 1536. Belle épreuve.

MANTEGNA (Andrea)

99. Le Sénat de Rome accompagnant un Triomphe (B. 11). Belle épreuve (petites cassures).

100. Les Eléphants portant des torches (12). Belle
épreuve (doublée).

101. Les Soldats portant des trophées, 2ᵉ planche (14).
Très belle épreuve (doublée).

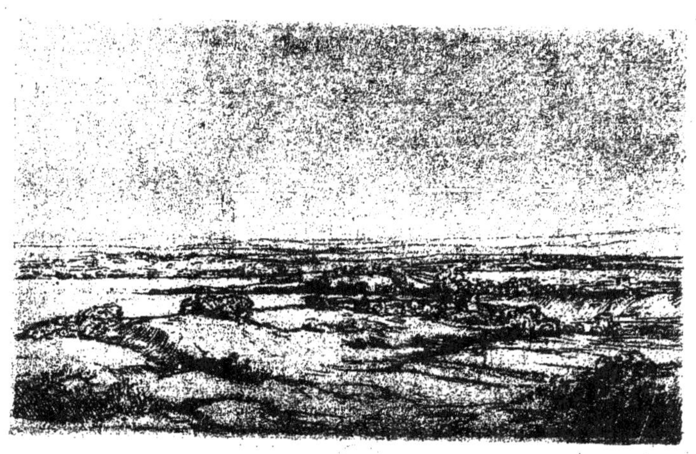

N° 80 du Catalogue.

MILLET (J. F.)

102. La Couseuse (Loys Delteil 9). Belle épreuve, *tirée
sur papier ancien*.

103. La Baratteuse (10). Belle épreuve, *tirée sur papier
ancien*.

104. Le Paysan rentrant du fumier (11). Très belle
épreuve du 1ᵉʳ état.

105. La Bouillie (17). Très belle épreuve, *avant la lettre*
sur chine.

MODENA (Nic. da)

106. Ornement (B. 54.) Belle épreuve.

OSTADE (Adr. Van)

107. Paysan qui rit (B. 4). Deux belles épreuves, des 2°
et 5° états.

108. Le Fumeur riant (6). Belle épreuve.

109. Le Vielleur (8). Très belle épreuve.

110. Le Fumeur à la fenêtre (10). Très belle épreuve,
sur *papier à la folie* (petite tache).

111. L'Homme et la Femme causant ensemble (12).
Très belle épreuve.

112. La Poupée demandée (16). Belle épreuve.

113. Le Coup de couteau (18). Très belle épreuve, *avant*
les dernières retouches. Collection Kalle.

114. Les Harangueurs (19). Très belle épreuve.

115. Le Peintre (32). Très belle épreuve, *avant* les
dernières retouches.

116. Le Rémouleur (36). Très belle épreuve.

117. Les deux Commères (40). Belle épreuve, *avant* les
dernières retouches.

118. Le Paysan payant son écot (42). Belle épreuve.

119. Le Goûter (50). Belle épreuve, *avant* les dernières
retouches, sur *papier à la folie*.

PENCZ (G.)

120. Le Jugement de Pâris (B. 89). Très belle épreuve.

121. Jean-Frédéric, Electeur de Saxe, 1543 (126). Très
belle épreuve.

RAFFET (A.)

122. Gendarmes faites feu! (73) — Barricade de la rue
S'.-Antoine (74) — Tirez sur les chefs..... (75) —
Je veux tuer un des soldats de Polignac! (76).
Quatre pièces. Belles épreuves sur chine.

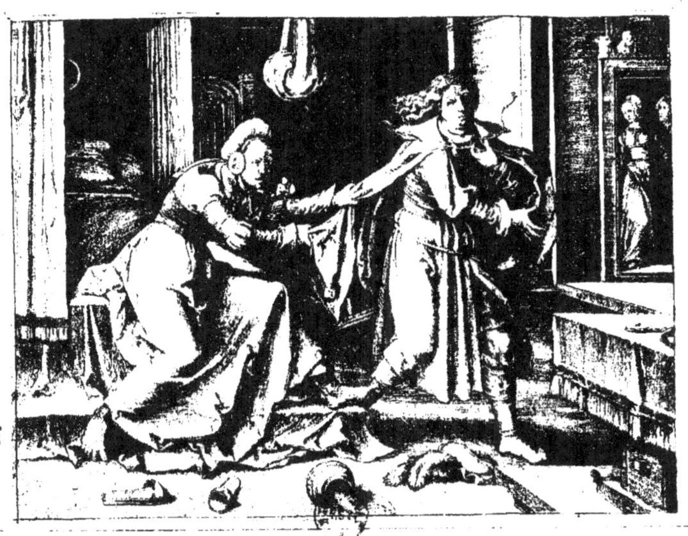

N° 85 du Catalogue.

123. Affiche pour l'*Histoire de Napoléon*, par Norvins
(122 R). Belle épreuve sur chine.

124. Le Marchand de chansons (159 R.) — Revue du
29 août 1830 (78). Deux pièces. Belles épreuves
sur chine.

125. La Revue nocturne. Belle épreuve sur chine.

REMBRANDT VAN RIJN

126. Rembrandt aux trois moustaches (B. 2). Belle
épreuve.

127. Rembrandt à bonnet et robe fourrés (14). Belle épreuve du 1ᵉʳ état.

128. Rembrandt appuyé (21). Très belle épreuve des collections W. Drugulin et O. de Behague.

129. Adam et Eve (28). Très belle épreuve. Collection J. Mac Gowan.

130. Abraham recevant les trois Anges (29). Très belle épreuve.

131. Agar renvoyée par Abraham (30). Belle épreuve.

132. Abraham avec son fils Isaac (34). Très belle épreuve.

133. Combat de David et de Goliath (36). Belle épreuve du 2ᵉ état (sur 3) sur parchemin.

134. David en prière (41). Belle épreuve.

135. L'Ange disparaissant devant la famille de Tobie (43). Très belle épreuve.

136. La Circoncision (48). Belle épreuve.

137. La Vierge et l'Enfant Jésus sur les nuages (61). Très belle épreuve.

138. Jésus au milieu des Docteurs (64). Belle épreuve.

139. La Petite Tombe (67). Très belle épreuve de la planche retouchée par Norblin.

140. Le Denier de César (68). Très belle épreuve (petite restauration).

141. La Samaritaine, dite aux ruines (71). Belle épreuve.

142. La Grande Résurection de Lazare (72). Très belle épreuve.

143. La petite Résurection de Lazare (72). Contre-épreuve.

144. Le Christ apparaissant à ses Disciples (89). Très belle épreuve (les angles restaurés).

145. Le Retour de l'Enfant prodigue (91). Belle épreuve.

146. Décapitation de St-Jean (92). Belle épreuve du
1er état. Collection Archinto.

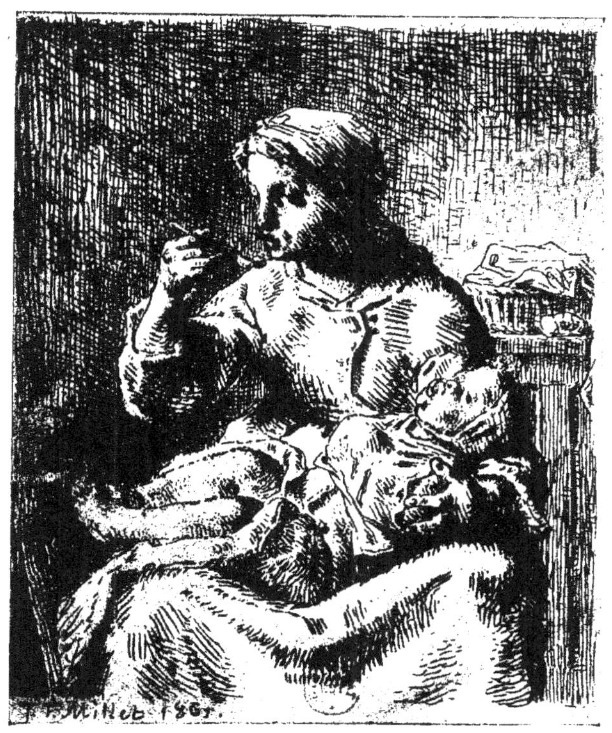

N° 105 du Catalogue.

147. Le Martyre de St-Etienne (97). Très belle épreuve.

148. La Mort de la Vierge (99). Très belle épreuve.

149. St-Jérôme en prière (101). Belle épreuve.

150. St-Jérôme à genoux (102). Très belle épreuve.

151. St-Jérôme en méditation (105). Très belle épreuve.

152. La Jeunesse surprise par la Mort (109). Belle épreuve (très légèrement rognée dans le haut).

153. La Fortune contraire (111). Très belle épreuve.

154. Chasse aux lions (115). Très belle épreuve.

155. Chasse aux lions (116). Très belle épreuve (petite tache).

156. Les trois Figures orientales (118). Très belle épreuve.

157. Les Musiciens ambulants (129). Très belle épreuve.

158. Le Maître d'école (128). Belle épreuve.

159. Le Dessinateur (130). Belle épreuve, *avant* les retouches.

160. Le Joueur de cartes (136). Belle épreuve du 1er état.

161. Aveugle jouant du violon (138). Belle épreuve.

162. Homme à cheval (139). Belle épreuve.

163. Homme méditant (148). Très belle épreuve.

164. Vieillard à courte barbe (151). Belle épreuve.

165. Le Chien endormi (158). Belle épreuve.

166. Homme nu assis (193). Très belle épreuve. Collection du Pce de Paar.

167. La Négresse couchée (205). Belle épreuve.

168. Vieillard portant la main à son bonnet (259). Très belle épreuve du 1er état (très légèrement rognée).

169. La même estampe. Très belle épreuve de la planche terminée par Schmidt.

170. Vieillard à grande barbe (260). Belle épreuve.

171. Homme avec chaîne et croix (261). Belle et rare épreuve du 2e état (sur 4).

172. Linden (J. Vander) (264). Très belle épreuve.

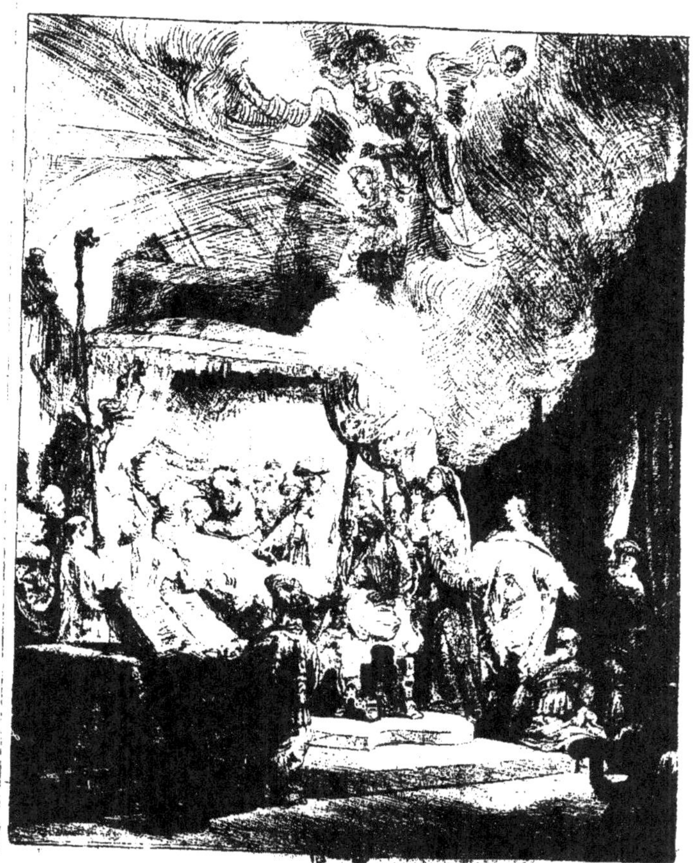

N° 148 du Catalogue.

173. Sylvius (Janus) (226). Très belle épreuve *avant* les dernières retouches.

174. Faustus (270). Très belle épreuve du 1ᵉʳ état (petite tache).

175. Frans (Abraham) (273). Très belle épreuve du 8ᵉ état (sur 10) avant les dernières retouches.

176. Haaring le jeune (275). Belle épreuve.

177. Lutma (J.) (276). Très belle épreuve.

178. Première Tête orientale (286). Très belle épreuve (petite cassure).

179. Vieillard à grande barbe (290). Très belle épreuve.

180. Tête d'Homme chauve (294). Belle épreuve.

181. Vieillard à barbe blanche (295). Très belle épreuve.

182. Tête à demi chauve (296). Belle épreuve.

183. Vieillard chauve à barbe courte (300). Belle épreuve.

184. Homme avec chapeau à grands bords (311). Belle épreuve. Rare.

185. Homme à moustaches et grand bonnet (321). Belle épreuve.

186. Vieillard à barbe carrée et fort large (325). Belle épreuve.

187. La Mère de Rembrandt (344). Très belle épreuve.

REMBRANDT (Ecole de)

188. La Nativité. Belle épreuve.

SCHOENGAUER (Martin)

189. Une Vierge Folle (B. 86). Belle épreuve.

Imp. Frazier-Soye, 153-155, Rue Montmartre, Paris.

www.ingramcontent.com/pod-product-compliance
Lightning Source LLC
LaVergne TN
LVHW020847200726
843508LV00003B/1076